アジアと欧州　平和の連帯

欧州歴訪報告

志位和夫

目　　次

欧州歴訪の報告をする志位和夫議長＝2024年9月18日、党本部

欧州歴訪報告（骨子）

日本共産党の志位和夫議長が２０２４年9月18日夜の「欧州歴訪報告会」で行った報告は次のとおりです。

豊かな交流　希望を日本・世界へ

欧州歴訪報告会　志位議長が語る

みなさん、こんばんは。全国のみなさんの連日のご奮闘に心からの敬意と感謝を申し上げます。これから欧州歴訪の報告を行います。

政治情勢は、早期の解散・総選挙の可能性が強まる激動のなかにあります。この報告の内容が、中長期の視野での党の発展とともに、直面する政治戦にも生きることを願って、話を進めたいと思います。

一、訪問全体の成果と意義について

私たちは、8月29日から9月10日まで、欧州3カ国――ドイツ、ベルギー、フランスを訪問しました。私たちの行動の概略（5ページ）については、お配りした資料をご覧いただきたいと思いますが、ベルリンでの国際平和会議への参加、理論交流、欧州の左翼・進歩諸党との会談、労働組合との懇談、ドイツ政府、フランス政府、ＥＵ（欧州連合）本部への訪問など、活動の内容は多岐にわたりました。

欧州歴訪は、全体として重要な成果をあげることができたと思いますが、それはいまご紹介した訪問団全体（6ページ）の緊密な協力によるものだったということを、深い感謝とともにまずのべておきたいと思います。

党の議長、あるいは委員長によるヨー

ロッパ訪問は、実に35年ぶりのことになります。この期間に、欧州の左翼勢力は、旧ソ連・東欧の体制の崩壊によって大きな困難に直面しました。しかし、欧州でも、資本主義体制と諸国民の矛盾が深まるもとで、一連の左翼・進歩諸党は、それぞれなりに困難を乗り越えて、新しい道を探求し開拓する途上にあります。新しく生まれ、勢力を伸ばしている政党もあります。これは私たちと、欧州の左翼・進歩諸党との新しい連帯の強化を可能にする条件となりました。

この間の客観的情勢としては、ユーラシア大陸の東と西での軍事同盟強化と大軍拡というきわめて重大な共通した危険がおこり、この大逆流にたちむかう国際的連帯が急務となっています。いま日本で私たちは、「安保3文書」にもとづく日米軍事同盟の侵略的大変質と大軍拡とのたたかいのさなかにありますが、欧州でも、北大西洋条約機構（ＮＡＴＯ）が欧州を覆う勢いで拡大し、大軍拡が進められています。この共通した危険の根本には、ウクライナ侵略を利用して、「統合抑止」の名のもとに、東西の同盟国を一つに結びつけようという米国の世界戦略があります。ならば、日本と欧州の平和勢力も、これにたちむかう国際的連帯を強めなければなりません。そう考え、

欧州歴訪の報告をする志位和夫議長
＝２０２４年９月18日、党本部

欧州歴訪の行動概略

ドイツ

8・30	社会主義者追悼記念公園を訪問
	ドイツ外務省・アジア太平洋総局長を訪問
	ローザ・ルクセンブルク財団・ビアバウム理事長主催の夕食会
8・31	ベルリン国際平和会議「今こそ外交を！」に参加
	午後、コービン英国前労働党党首と会談
9・2	午前、ローザ・ルクセンブルク財団と理論交流
	午後、ドイツ左翼党・シルデワン共同議長と会談

ベルギー

9・3	午後、EU本部を訪問
9・4	午前、ベルギー労働党・メルテンス書記長と会談
	午後、欧州左翼党・バイアー議長と会談
	夕刻、ベルギー労働組合と懇談
9・5	午前、欧州議会を訪問、欧州議会左翼会派議員と会談

フランス

9・5	フランス共産党・ブレ国際担当責任者主催の夕食会
9・6	午前、「服従しないフランス」・メランション代表と会談
	午後、フランス労働総同盟（CGT）と懇談
9・7	フランス共産党・ルセル全国書記と会談
9・8	ペール・ラシェーズ墓地を訪問
9・9	午前、フランス緑の党・ベロノー国際責任者と会談
	午後、フランス外務省・アジア大洋州局長を訪問

このことを私たちは、今回の欧州訪問の目的にすえました。

党綱領、大会決定との関係では、今回の訪問は、２０２０年の綱領一部改定で、「発達した資本主義国での社会変革は、社会主義・共産主義への大道である」と位置づけたこと、今年1月の党大会で「欧米の左翼・進歩諸党・諸勢力との交流と連帯をさらに発展させる」と確認したことの実践としてとりくまれたものであります。

わが党の野党外交は、１９９０年代末以降、アジアを主な舞台にしてとりくまれ、重要な成果をあげてきましたが、今回の訪問によって、野党外交の視野が欧州へと大きく広がりました。これは党綱領路線の日本改革論、世界論、未来社会論の発展にもつながりうる重要な一歩だと思います。

訪問を通じて、一連の左翼・進歩諸党との間で、平和と人権をはじめとする社会進歩の諸課題で、心が通う連帯の関係を確立することができました。また、交流をつうじて、わが党の理論・路線・方針が、世界と広く響き合う力をもっていることを実感することができました。さらに、わが党の活動の発展にとっての多くの教訓、多くのヒントも学ぶことができました。その内容を全国のみなさんと共有し、今後の活動の力にしていきたいと思います。そういうつもりで話しますので、どうか最後までよろしくお願いいたします。（拍手）

志位議長に同行した訪問団メンバー

志位議長に同行した訪問団には、緒方靖夫副委員長・国際委員会責任者、小林俊哉国際委員会事務局次長、小島良一国際委員会委員、米沢博史国際局員、吉本博美「しんぶん赤旗」ベルリン特派員が参加しました。報告会で司会を務めた田中悠書記局長代行が紹介しました。

二、ベルリン国際平和会議について

ベルリンで私たちがまずとりくんだのは、ドイツの進歩的シンクタンク、ローザ・ルクセンブルク財団が主催して8月31日に開催された国際平和会議「今こそ外交を！」に参加し、発言することでした。5月に、緒方靖夫副委員長がベルリンを訪問して、同財団のハインツ・ビアバウム理事長（欧州左翼党前議長）と会談したおりに、私への招待がされ、大切なイニシアチブだと考え、国際会議への参加を決めました。

会議の趣旨とわが党の発言がかみ合い、響き合った

国際会議の主題は、ウクライナの流血と破壊を終わらせるために、国際社会に「和平協議に道を開くあらゆる努力」を呼びかけるというものでした。

ローザ・ルクセンブルク財団主催の国際平和会議で発言する志位議長＝8月31日、ベルリン

米国などがウクライナ問題の真剣な外交的解決の努力なしに、軍事一辺倒の対応を行い、この戦争を軍事同盟強化に利用するもとで、国際会議が、「今こそ外交を！」と和平協議開始を呼びかけたことは、市民社会による外交的イニシアチブとして重要な意義をもつものになったと思います。

国際会議では、各国政党代表、市民活動家、知識人による活発な討論が行われました。政党代表では、欧州左翼党のワルター・バイアー議長、英国のジェレミー・コービン前労働党党首、イタリア左翼のルチアーナ・カステリーナさんをはじめ、欧州左翼の主要人物がつぎつぎと発言する、代表性の高い会議となりました。

私は、アジアの政党では唯一の参加者で、政党代表のセッションの冒頭に発言しました（本書40ページ〜）。12分程度の発言でしたが、会議の趣旨にかみ合わせて、その成功に少しでも貢献したいと考え、何度も推敲《すいこう》を重ねて発言テキストを仕上げました。発言では、ウクライナ和平交渉を国際社会に呼びかけるという会議の趣旨に強く賛同したうえで、この国際会議のイニシアチブが実ることを願って、四つの点を訴えました。

第一は、和平協議の目的をどこにおくかという問題です。私は、和平は、国連憲章、国際法、ロシアによる侵略を非難し、即時撤退を求める4回にわたる国連総会決議にもとづいた「公正な和平」であるべきで、一定の時間や段階がかかってもこの目的を揺るがず貫くことが大切だと訴えました。

第二に、そうした「公正な和平」を阻んでいるものとして、米国を筆頭とするG7の態度――ロシアのウクライナ侵略を非難するが、イスラエルによるガザのジェノサイドを事実上擁護するという「ダブルスタンダード」を厳しく批判し

ました。「ウクライナ人、パレスチナ人、イスラエル人の命に異なる価値をつけることで、どうして世界は団結できるでしょうか」と訴え、誰に対してであれ国際法は平等に適用されるべきだと主張しました。

　第三に、ウクライナ侵略を利用してユーラシア大陸の東と西で進められている軍事同盟強化に反対する国際的連帯、核兵器禁止条約を推進する国際的連帯を訴えました。

　第四に、日本共産党の「東アジア平和提言」を紹介し、ブロック政治に反対し、包摂的な平和の枠組みを発展させることこそ平和をつくる大道であること、欧州でも平和と安定を確かなものとするためには、欧州安全保障協力機構（ＯＳＣＥ）の再活性化など包摂的な平和の枠組みをつくることが大切になってくるのではないかとのべました。

　スピーチは英語で行いましたが、実は、私は、これまで公の場での英語でのスピーチは5分程度のものしか経験がありませんでした。「12分」というのは初体験――未知の世界で、「ちゃんと伝えることができるだろうか」という不安もありましたが、国際局の同志に「特訓」もしてもらい、何とか伝えることができたと思います。参加者のみなさんは、うなずきながら、またメモをとりながら熱心に聞いてくれ、核兵器禁止条約を訴えたところでは、スピーチの途中で拍手も起こりました。

　わが党の発言には強い歓迎の反応が寄せられました。会議を主宰したビアバウムさんからは「日本共産党の参加は会議の成功に貢献するものでした」という評価が寄せられました。コービンさんからも、「素晴らしいスピーチを祝福します。あなたのスピーチは会議の成功に貢献しました」との評価をいただきました。

　とくに「公正な和平」とは何か、ガザへのジェノサイドの中止、アジアと欧州の平和の連帯、ブロック政治に反対し、包摂的な平和の枠組みをつくることの重要性などの提起は、わが党ならではのもので、会議の趣旨とわが党の発言がかみ合い、響き合ったというのが、実感であります。

「新たなブロック対立」をつくらせないことが明記

　国際会議で採択された「呼びかけ文」には、戦争終結のための和平交渉の呼びかけとともに、「私たちはいま行動し、新たなブロック対立を防がなければならない」という一文が修正・補強する形で新たに明記されました。これはたいへんに重要です。

　「ブロック政治」に反対するという立場は、２０２２年11月、トルコのイスタンブールで開催されたアジア政党国際会議（ＩＣＡＰＰ）の宣言に明記されたことでしたが、アジアで開催された国際会議に続いて、深刻なブロック対立に陥っているヨーロッパで開催された国際会議

国際平和会議の閉幕にあたり平和の国際連帯を誓い合う欧州左翼の代表者たちと志位議長＝8月31日、ベルリン

で「新たなブロック対立を防ぐ」――この大陸に新しい冷戦体制をつくらせないということが明記された意義は大きなものがあると思います。それはブロック対立に反対し、包摂的な平和の枠組みをつくることを呼びかけたわが党の「東アジア平和提言」の立場が、世界に広く通用する生命力をもつことを示すものともなりました。

国際会議は、フィナーレで、発言者の全員が壇上にそろって並び、一人ひとりに一輪の赤いバラが贈られました。赤いバラは、欧州の左翼運動のなかでは「連帯」のシンボルだと聞きました。温かい連帯と友情につつまれた会議として、国際会議が成功をおさめ、日本共産党もその成功に貢献することができたことは、大きな喜びだったということを、全国のみなさんにお伝えしたいと思います。（拍手）

古くからの友人との出会い――イタリア左翼のルチアーナ・カステリーナさん

この国際会議をつうじて、私たちは多くの友人を得ました。古くからの友人に出会うとともに、新しい友人を得ることができました。

2人の方との出会いを紹介したいと思います。

古くからの友人との出会いという点では、イタリア左翼を代表して発言したルチアーナ・カステリーナさんとの出会いを報告します。

6月に行われた欧州議会選挙で、久々にイタリア左翼が躍進しました。これは、欧州左翼にとっての大きな朗報となりました。カステリーナさんは95歳となりますが、たいへんにお元気で、この躍進を主導した同志なのです。彼女は、長くイタリア共産党の国会議員をつとめ、著名なジャーナリスト・作家としても活躍し、欧州左翼全体から高い尊敬を集めており、この国際会議の「呼びかけ文」を朗読したのもカステリーナさんでした。

彼女は、私の次にスピーチを行いましたが、スピーチの冒頭に、壇上にいた私を何度も見て、私に語りかけるように、こう言ったのです。「こうした会議で日本共産党議長と会えるとは感激です。思いもしませんでした。うれしい」。こういう言葉をのべたのです。スピーチの締めでも同様の日本共産党への言及を行いました。彼女の言葉は、私にも驚きでしたが、参加者のみなさんにも驚きをもって受け止められたようでした。

国際会議が終わった後、カステリーナさんと話す機会がありました。彼女は、「1969年に日本を訪問して日本共産党と出会い、その時の印象がとても強かった」、「日本共産党という党が欧州とは異なる独自の路線と対外政策をとっていると見聞きしました」と語りました。緒方副委員長が、かつてカステリーナさんのパートナーだった方と（日本共産党とイタリア共産党との）両党会談で会ったことがありますと伝えると、表情を崩されました。私にとっても、復活しつつあるイタリア左翼の象徴ともいえる方と出会えたことは、大きな喜びでありました。

イタリア左翼のルチアーナ・カステリーナさんと志位議長＝8月31日、ベルリン国際平和会議にて

新しい友人との出会い――英国前労働党党首のジェレミー・コービンさん

新しい友人との出会いという点では、国際会議にともに参加した英国のジェレミー・コービン前労働党党首との出会いについても、報告しておきたいと思います。

コービンさんとは、国際会議が開かれた前日、8月30日に、ベルリン市内にある社会主義者追悼記念公園で初めて出会い、親しくあいさつをかわし、公園内を散策しながら話し合いました。この出会いは、もちろん偶然のものではありません。広いベルリンでばったり出会うということはあり得ません。ビアバウムさんとドイツ左翼党のみなさんが用意してくれたものでした。

この追悼記念公園は、1919年のドイツ革命のさなかに、時の政権によって殺害されたローザ・ルクセンブルクやカール・リープクネヒト、ナチスによって迫害・弾圧されて命を落とした多くの共産主義者、社会主義者などを記念している公園です。公園に入りますと、ずらりと墓碑が並んでいます。私は、広い公園のなかを、コービンさんと一緒に歩き、犠牲者たちを追悼するとともに、「死者はわれわれに警告する」と書かれた大きな石碑の前で握手を交わしました。

翌日、国際会議で、コービンさんは素晴らしいスピーチを行いました。とくにガザ問題と核兵器禁止条約での情熱的なスピーチに、私は、強い感銘を受けました。

「死者はわれわれに警告する」と刻まれた追悼碑の前で握手を交わす英国のジェレミー・コービン前労働党党首と志位議長＝8月30日、ベルリン

私たちは、国際会議の休憩時間を使って、別室で会談を行いました。互いに国際会議でのスピーチを評価したうえで、軍事同盟強化反対、核兵器廃絶、ガザ危機打開などでの互いの立場の共通性について話し合い、交流と連帯強化で意気投合しました。

コービンさんは、長年、核軍縮の運動にたずさわるとともに、２０１５年の英国労働党党首選挙で圧勝し、17年の総選挙では与党・保守党を過半数割れに追い込むなど、欧州の左翼運動の著名なリーダーの一人です。7月の下院選挙では、無所属で激戦を勝ち抜きました。１０００人ものボランティアが集まったといいます。そしていま、全英各地で新しい左翼運動を展開しています。

会議後、握手を交わすコービン氏と志位議長＝8月31日、ベルリン

会談で、私は、２０１７年に国連本部で開催された核兵器禁止条約の国連会議に参加したさいに、コービン党首（当時）のもとで英国労働党の「影の内閣」軍縮担当を務めていたファビアン・ハミルトンさんと協力して活動したことをのべ、「コービンさんが首相になったら、英国が核兵器禁止条約に参加すると期待していました」と話したところ、彼は、「当然、そのつもりでした」と応じました。笑顔がとても印象的でした。

英国にも、平和な世界をつくるうえでの力強い友人を得たことも、私たちにとっての大きな喜びだったことを報告しておきたいと思います。

（拍手）

三、「共産主義と自由」「自由な時間」をめぐる理論交流について

ベルリンで、私たちが次にとりくんだ活動は、「共産主義と自由」「自由な時間」をめぐる理論交流でした。

握手するローザ・ルクセンブルク財団のハインツ・ビアバウム理事長と志位議長＝7月31日、日本共産党本部

この理論交流は、ローザ・ルクセンブルク財団のビアバウム理事長が7月に来日して会談したさいに、相談したことでした。7月の会談に先だって、私が、ビアバウムさんに、『Q&A　共産主義と自由――「資本論」を導きに』（新日本出版社）、『前衛』9月号に発表した論文「『自由な時間』と未来社会論――マルクスの探究の足跡をたどる」の二つのテキストの英訳をお渡ししておいたところ、ビアバウムさんは読んできてくれました。私が、ぜひドイツでも「共産主義と自由」「自由に処分できる時間」にかかわるマルクスの理論についての意見交換の場をもちたいと話しますと、ビアバウムさんは「『自由に処分できる時間』という概念は、マルクスの中心的な概念だと私たちも考えています」とのべ、適切な対談の機会をつくるようにしたいと約束してくれました。

マルクス、エンゲルスの母国での理論交流は大きな喜び

このような経過を経て、懇談の機会が、ベルリンで、9月2日に実現しました。ローザ・ルクセンブルク財団本部で、ビアバウム理事長の司会のもと、財団の理論・労働・社会分野の専門家10人と、2時間強にわたって理論交流が行われました。欧州の専門家とこうしたテーマで理論交流を行うのは、初めてのことだと思いますが、第一歩のとりくみとして意義あるものとなったと思います。

「共産主義と自由」をテーマに行われたローザ・ルクセンブルク財団との理論交流＝9月2日、ベルリン

意見交換では、まず私が、この間、党が綱領と大会決定にもとづいてとりくんでいる「共産主義と自由」「自由な時間」についての中心点について通訳を含めて40分程度話し（本書44ページ〜）、あとは自由な質疑と懇談を行いました。私が導入の発言で、冒頭部分だけドイツ語で、「マルクス、エンゲルスの母国での理論交流は大きな喜びです」とあいさつしたところ、ドイツ側の全員が温かい拍手を送ってくれました。

私がこの意見交換で何よりも感激したのは、ドイツ側の専門家の全員が、事前にお渡しした二つの英文テキストを熟読しており、何人かはコメントを文書で用意し、発言するという真剣で率直なやりとりとなったことでした。

全体として、わが党の問題提起が、新鮮な理論的問題提起として強く受け止められ、歓迎されたことは、私たちにとって大きな喜びでした。

同時に、〝二つの英文テキストでは、この点が十分に展開されていないがどうですか〟といった率直な意見、質問も出されました。そのなかには「ケア（労働）」と「自由に処分できる時間」との関係をどうとらえるかなどの重要な問題提起もありました。私は、知恵をしぼって一つひとつお答えしました。

こうして、この懇談は、私たちにとっても新たな論点に気づかされ、学ぶところの多い意見交換となりました。双方向で語り合った、文字通りの理論交流の第一歩となったと思います。

二つのテキストに対する評価、理論交流の継続の確認

意見交換の場での発言のなかで、また後に感想として寄せられた、二つのテキストに対する評価を紹介したいと思います。

「二つのテキストを読ませていただき、大事な問題が扱われていると印象深く読

みました。マルクス・エンゲルスの研究の中で時間の問題について深い考察がされていることがよくわかりました。自由という問題を取り戻すことは、過去の国家社会主義（――東ドイツの旧体制のことだと思います）を克服するうえでも大切な課題だと思っています」

「あなた方が自由という概念をリベラリズムというブルジョア的概念にまかせていないことは大事な点です。……私は、あなたが展開された『自由に処分できる時間』という問題をこれまでこれほど詳細かつ的確に言及されるのを聞いたのは初めてです。（マルクスの）『自由の国』などの概念そのものは当然承知していますが、『資本論草稿』をこうした観点から読むことを私はしていませんでした」

ローザ・ルクセンブルク財団との理論交流で語る志位議長＝9月2日、ベルリン

「この二つのテキストを読ませていただいたことは、私にとって大きな成果です。自由と共産主義の問題は、とりわけ東ドイツ時代を経験した私たちにとっては中心的な問題の一つです。あなたのたいへんに洞察に富み、刺激的な発言に感謝します。二つのテキストを私は研究していきます。ローザ・ルクセンブルク財団との対話がさらに継続的に深まることを願っています」

ビアバウム理事長からは、「志位同志が提供された二つのテキストは、実践的な問題を提起しているだけでなくて、未来社会の展望の幅広い問題と結びつけて高い水準で展開しているとても大事なものだと思います」との評価をいただきました。さらに、ビアバウムさんは、意見交換のまとめで、「この討論をつうじて私たち財団もたいへん強い刺激を得ることができました。この討論をどう継続するか。こうした機会をぜひ継続し発展させていきたいと思っています」と表明され、理論交流を継続していくことになりました。

私は、こうした素晴らしい機会をつくってくれたドイツの同志たちに心からの感謝を申し上げたいと思います。（拍手）

生きた率直な対話をつうじてこそ理論の発展はかちとれる

理論交流をつうじて確信を新たにしたのは、私たちが綱領にもとづいて探究・発展させている科学的社会主義の理論は、日本だけのものでなく、世界にも通じる普遍的な内容を含んでいるということでした。

同時に、私は、ベルリンで開始したような、生きた率直な対話をつうじてこそ、理論の発展はかちとれるということを実感しました。日本で研究を進めることはもちろん大事ですが、やはり国際的な対話が大切で、そういう対話をつうじてこそ理論は発展する。そうした見地で、理論問題での国際交流、国際的対話をさらに発展させていきたいと思います。

いま私たちは日本で、日本の社会変革を進めるうえでの戦略的課題として、「共産主義と自由」「自由な時間」について、広く語り合う運動にとりくんでいます。ドイツでの交流も力にして、「人間の自由」があらゆる面で豊かに花開く私たちの未来社会の展望を、国民のなかで広く語り合う運動をさらに発展させようではありませんか。（拍手）

四、欧州の左翼・進歩諸党との会談について

私たちは、9月2日から9日までの期間、与えられた日程をフルに使って、欧州左翼党、一連の左翼・進歩諸党とそれぞれ首脳会談を行いました。日本からの訪問を、どこでもたいへんに温かい同志的感情をもって歓迎してくれました。一つひとつの会談は、1時間半から2時間という十分な時間をかけ、会談の方式は、双方が一定時間をまとまって話すというやり方ではなく、双方がそれぞれの関心に即して短い発言を行い、自由な対話をつうじて一致点を確認していくという方式でとりくまれました。

会談でとりあげたテーマは多岐にわたりますが、どの党とも、①軍事同盟強化に反対して平和を擁護する、②排外主義の台頭に反対して人権と自由を擁護する、という二つの大きな柱で、双方の立場の一致が確認され、連帯と協力が確認されたことは重要であります。

平和の問題に関しては、私たちは「東アジア平和提言」のコンセプト――ブロック政治に反対して包摂的な平和の枠組みをつくるという考え方の重要性を話しましたが、一連の会談のなかで、このコンセプトが欧州の平和と安定をつくるうえでも意義あるものとして共感をもって受け止められたこともうれしいことでした。

「共産主義と自由」「自由な時間」に関する私たちの探究についても話し、いくつかの党との間で理論交流を行うことを確認したことも、重要だったと思います。

会談を行った順番に、私たちが感動をもって受け止めたいくつかの中心点を報告したいと思います。

ドイツ左翼党のシルデワン議長――率直な会談をつうじて心通う連帯を確認した

まず9月2日午後、私たちは、ドイツ左翼党（リンケ）の党本部――カール・リープクネヒト・ハウスを訪問し、マルティン・シルデワン共同議長と、両党間では初となる首脳会談を行いました。

ドイツ左翼党はいま、極右勢力の台頭や、有力議員が離党して新たなグループをつくるという困難な状況のもとでたたかっている最中にあります。会談の前日には、ドイツ左翼党が強固な支持をもっていたチューリンゲン州の州議会選挙で、極右勢力が第1党になり、ドイツ左翼党が後退するという苦い事態もおこりました。

しかし、シルデワン議長は、わが党を丁重かつ温かい心遣いでもてなしてくれ、選挙についての記者会見などで忙殺されるなかでも会談に十分な時間をとり、会談は冷静で充実した内容となりました。彼は、「連帯を強化していきたい。だから率直に話します」として、自らの困難とそれをどう打開しようとしているかについて率直に語ってくれました。

会談の内容に入る前に、この党の温かい心遣いを感じたエピソードを報告することをお許し願いたいと思います。私たちがベルリンに到着したさいに、ドイツ左翼党のみなさんが私とジェレミー・コービンさんの出会いを用意してくれたことはさきに紹介しましたが、もう一つ、忘れられない出来事を報告しておきたいと思います。

私たちを空港で出迎えてくれたドイツ左翼党前国際部長のオリバー・シュレーダーさんは、私が、迎えの車の中で、「ドイツの音楽を愛しています」と話しますと、「それならば、日曜日の夜にコンサートのチケットをとりましょう」といって、車の中からすぐに電話をかけだし、ベルリン・フィル・コンサートホールで行われるコンサートのチケットを苦労してとってくれたのです。私は、恐縮するとともに感激しました。ただ、時差による睡眠不足のため、夜遅くのコンサートでは眠ってしまうかもしれないし、翌日の大事な理論交流にも影響が出たら失礼だと考えまして、事情を話し、涙をのんで辞退をさせていただきました。先方は、「大陸間の長距離移動をした後にそうなることはよく分かります」と言い、快く了解してくれました。私は、そういう同志的で細やかな心遣いをしてくれる党が、1万数千キロも離れたドイツに存在していることに深く感動したことを、この機会に報告しておきたいと思います。（拍手）

会談の内容に戻りますが、シルデワン議長は率直に党の現状を話してくれ、私も率直に話しました。2010年代に、わが党は躍進をかちとり、その力で野党共闘にとりくみ成果をあげましたが、支配勢力の激しい攻撃を呼び起こし、それをはね返して党勢を前進に転ずるために、苦労しながらとりくんでいることを話しました。

　こうした対話のなかで、ドイツ左翼党が、この数カ月間で８０００人もの新規入党者を迎えていることが話題になりました。このことはドイツ公共放送も希望ある動きとして注目して報道していましたので、詳しく聞いてみますと、８０００人のほとんどが青年と女性だといいます。私が、「私たちも青年党員の獲得に力を入れていますが、数カ月で８０００人はすごい。若い党員は左翼党のどこに魅力を感じて入ってきているのですか」と尋ねますと、シルデワン議長の笑顔が輝いて、次のような答えが返ってきました。

握手を交わすドイツ左翼党のマルティン・シルデワン共同議長と志位議長＝9月2日、ベルリンの同党本部

　「一つは、欧州における新しい形でのファシズムとたたかっているということです。もう一つは、排外主義に反対して連帯を掲げて一貫してたたかっていることです」

ベルリン・ブランデンブルク国際空港で、ドイツ左翼党のオリバー・シュレーダー前国際部長の出迎えをうける志位議長＝8月30日

　極右勢力と対決して民主主義と人権を擁護してたたかう党の姿が、若者のなかに共感を広げているとの報告は、とても心強いことでした。

　平和の問題では重要な一致が得られました。

　私は、①軍事同盟強化と大軍拡への反対、②核兵器禁止条約の推進、③日本とドイツが世界第１、第２の米軍駐留国であるもとで「外国軍基地のない世界」をつくるという点で、両党には一致があるのではないかと話しました。シルデワン議長は、「私たちも当然、軍拡に反対し、軍事同盟強化に反対です」、「核兵器の問題でも両党は協力できます」と応じ、連帯したとりくみを行うことを確認しました。

　このなかでシルデワン議長が、「欧州ではブロック化が進んでいますが、インド太平洋地域でも新しいブロック化の試みが進んでいます。私たちは対決ではなくて対話を進めるべきだと主張しています」と語ったことが印象的でした。東アジアでも危険なブロック化の動きが起こっていることへの懸念の声でした。そこで私は、党の「東アジア平和提言」を紹介しました。ここでもブロック化に反対し、包摂的な平和の枠組みをつくる方向が一致となったことはうれしいことでした。

さらに私が、「共産主義と自由」にかかわる二つのテキストを渡し、理論活動にとりくんでいることの意義を話しますと、シルデワン議長は「『自由な時間』の問題は、労働運動の発展にとってとても実践的問題として大きな意義があります」と応じました。

私たちに同行してサポートしてくれたシュレーダーさんが、「こういう時は、粘り強さ、勇気、信頼が大切です」と決意を語っていたことが深く印象に残っています。私は、ドイツ左翼党が、「粘り強さ、勇気、信頼」の力を発揮して、新しい躍進を築くことを願わずにはいられません。そしてまた日本共産党も困難を乗り越えて新しい躍進をかちとりたい。私たちはそういう思いでカール・リープクネヒト・ハウスを後にしました。

ベルギー労働党のメルテンス書記長――躍進のさなかにある党から多くを学んだ

9月4日の午前、私たちは、ブリュッセルで、ベルギー労働党のペテル・メルテンス書記長と、両党間では初となる首脳会談を行いました。

この党は目覚ましい躍進のさなかにあります。私が「躍進の秘訣《ひけつ》を聞きたい」と切り出しますと、メルテンス書記長は、次のように語りました。

「1968年、毛沢東主義を掲げた運動として党をつくり、前進もありましたが、21世紀に入り壁につきあたりました。セクト主義、教条主義で前進が阻まれました。そこで2008年の党大会で、この壁を打破する党の刷新の方針を決め、ソ連派でもない、中国派でもない、ベルギーの労働者に責任をもつ労働者の党ということを基本的な柱にすえて自主独立の運動をやってきました。そして原則的で柔軟な党という方針を明確にしました。それが前進の基礎となっています」

「自主独立」という言葉が出てきたことに、私は大きな感銘を覚えました。私は、日本共産党が、戦後、旧ソ連や中国の干渉とたたかうなかで自主独立の立場と綱領路線を確立した歴史を紹介しました。歴史的経緯は異にしますが、両党間にはきわめて重要な共通の教訓があることをまず実感しました。

私は、さらに「SNSの重視が躍進の力になっていると聞いていますが」と尋ねました。メルテンス書記長は詳しく説明してくれました。

――草の根の声・要求・運動と結びつけてSNSを活用していること、

――民主集中制の原則を貫きつつ、SNSで大きな影響力をもつインフルエンサーが自由に発信できるよう協力していること、

――青年や労働者、国民の要求や関心にかみ合って、短く分かりやすいコンテンツづくりを心がけていること、

――党本部として70人ものスタッフを配置して諸部門が一体になって推進していること、などを説明してくれました。

党本部でのSNS部門のスタッフが仕事をしている二つのフロアを案内してくれましたが、若い人が中心になって生き生きと仕事をしています。選挙のときには、チャットボットを使い、AI技術を使って、自動で2万の応答をしているといいます。日本共産党も、先日の常任幹部会でSNSの抜本的強化の方針を決め、新たなとりくみを始めていますが、ベルギーの同志たちの教訓を大いに学びたいと思います。

握手を交わすベルギー労働党のペテル・メルテンス書記長と志位議長＝9月4日、ブリュッセルの同党本部

メルテンス書記長は、SNSでの成果を語るとともに、「しかし、日本共産党は『赤旗』をもっています。世界のなかでもっとも部数の多い共産党の新聞ではないですか」と語りかけてきました。私が、「いま読者は85万人ですが、まず100万人に増やすために頑張っています」と語ると、メルテンス書記長は、その数に驚くとともに、「それにしても、いまでも若い人たちが『赤旗』など紙の新聞を読むのでしょうか」と尋ねてきました。私が、「しんぶん赤旗」の電子版を重視していることを語りつつ、「デジタルはたいへんに重要ですが、配達・集金や対話などを通じて人と人との生きた結びつきを広げるためには、紙の『赤旗』読者の拡大が欠かせないと努力しています」と説明しますと、メルテンス書記長は得心した様子で、「人と人とのつながりを広げる『赤旗』は素晴らしい」と語りました。「しんぶん赤旗」への注目、電子版とともに紙の「赤旗」の重要性を理解してくれたことは、とてもうれしいやりとりでありました。

平和の問題について、私は、①軍事同盟強化や大軍拡を許さない、②核兵器禁止条約の推進、③外国軍基地のない世界、④排外主義から人間の尊厳と人権をまもることなどで両党間に一致点があるのでは、と連帯を呼びかけました。メルテンス書記長は、「アジアで起こっていることを聞いて、ぜひ一緒にあたっていきたい」と応じました。彼は、「軍事化とナショナリズム、排外主義、人種差別主義に反対することで、両党は軌を一にしていきます」とのべ、連帯したたたかいを進める決意を語りました。

最後に、私が、『Q&A　共産主義と自由』、二つの英文のテキストを手渡して、「忌憚《きたん》のない意見をいただきたい。理論面でも交流ができたらと思います」とのべると、メルテンス書記長は、現地

新聞をみせてベルギーでの反共攻撃を説明し、彼の著作を贈呈してくれ、「私の本にも批評をいただきたい」とのべました。理論面での交流も進めていきたいし、それは双方にとって有益なものとなるでしょう。

欧州左翼党のバイアー議長――軍事同盟強化と排外主義を許さない連帯を確認

9月4日の午後、私たちは、ブリュッセル市内にある欧州左翼党本部を訪問し、ワルター・バイアー議長と、両党間で初めての首脳会談を行いました。

欧州左翼党は、欧州の左翼政党の連合体で、欧州左翼党に加入している党には前進している党もあれば、困難に直面している党もあります。欧州左翼党には加入していないけれども協力関係にある左翼政党もあります。欧州左翼党全体として6月の欧州議会選挙で議席増をかちとったことは、私たちにとってもうれしいニュースでした。

バイアー議長とは、ベルリンで国際会議が行われた前日の夕食会で、ちょうど真向かいの席に座り、外交問題について突っ込んで話し合いました。ベルリンは緯度が日本より高いですから、9月上旬は午後8時すぎごろまで明るく、この日は青空が広がっていました。気候もずっと涼しい。屋外のレストランで食事をとりながら、ずっと話し合いが続きました。その場で、私が、党の「東アジア平和提言」の立場――ブロック対立に反対して、包摂的な平和の枠組みをつくることの重要性を話しますと、バイアー議長から、あなたがたの外交論に完全に同意しますとの答えが返ってきたことを思い出します。

その続きとなったブリュッセルでの会談で、私は、欧州左翼党の奮闘に対して二つの点で強い敬意と連帯の気持ちを持っていることを話しました。

第一は、欧州で戦争が継続し、それを利用したNATOのかつてない拡大・強化、大軍拡という重大な圧力がくわわるもとで、欧州左翼党が、旗幟《きし》鮮明にこの逆流に対決してたたかっていることです。いま欧州が、いくつかの中立国をのぞいて、NATOに丸ごとのみ込まれるような状況に置かれているもとで、こうした立場を貫くことは、私は、大きな勇気がいることだと思います。そのことをバイアー議長にも伝えました。

第二は、移民や難民に対する排外主義を唱える極右勢力の台頭に対して、欧州左翼党が、民主主義と人権を擁護する立場で、断固としてたたかっていることです。私は、日本でも排外主義とのたたかいは、在日コリアンや外国人の権利との関係で、重大な課題となっていることを紹介し、わが党のたたかいを伝えました。

そして、私は、両党がアジアと欧州での軍事同盟強化と大軍拡に反対し、核兵器禁止条約を推進すること、排外主義と人権侵害を許さないたたかいを進めること、この二つを共通の課題として、連帯しながらとりくむことを提案しました。党の「東アジア平和提言」を手渡し、内容を説明しました。

バイアー議長は、欧州には複雑かつ危険な状況がある、一つは極右勢力の台頭であり、もう一つはウクライナ戦争を利用した軍拡だとして、私の提起に対して、次のようにのべました。「日本共産党と欧州左翼との関係強化は大切です。欧州全体が直面している重大課題で連帯できることは心強い。国際主義にたった共同を進めましょう」

さらに、NATOについての欧州左翼の立場は明白ですと言って、欧州左翼の立場は、中立と非同盟を欧州の新しい安全保障秩序にすることにあり、核兵器禁止条約に署名・批准して欧州を核兵器のない大陸にすることにあることだと表明しました。さらに欧州のすべての国を包摂している欧州安全保障協力機構（OSCE）が、あるべき平和秩序の中心にすえられるべきとの認識を示しました。私たちと全面的に一致する外交論が語られました。

マイテ・モラ国際部長は、ギリシャでバカンス中でしたが、会談にオンラインで参加し、「こうした機会が持ててうれしい。あなたを抱きしめます」という熱いエールをギリシャから送ってくれました。

私は、日本共産党と欧州左翼党の間で、軍事同盟強化と排外主義を許さない国際連帯の強化を確認したことは、大きな意義あるものだと考えるものです。（拍手）

バイアー議長は、いま躍進のなかにあるオーストリア共産党の出身で、マルクス主義の理論家でもあります。自身の著書『マルクス主義――実践的理論の歴史とテーマ』を贈呈してくださり、私は『Q&A共産主義と自由』とこの問題での二つの英文テキストを手渡しました。次に会う時には、お互いによく読んで、理論面でも意見交換を続けていこうということになったことも報告しておきたいと思います。

握手を交わす欧州左翼党のワルター・バイアー議長と志位議長＝9月4日、ブリュッセルの同党本部

欧州議会・左翼会派議員との会談――平和の問題での一致、古くからの友人との出会い

9月5日、私たちは、ブリュッセルにある欧州連合（EU）の欧州議会を訪問し、欧州議会の左翼会派議員と会談しました。ベルギー労働党、スウェーデン左

翼党、キプロス勤労人民進歩党などの議員とともに、平和と安全保障をテーマに意見交換を行いました。

欧州議会左翼会派議員と会談する志位議長＝9月5日、ブリュッセルの欧州議会

ベルギー労働党のマルク・ボテンガ議員が、会派を代表して、私たちへの歓迎の言葉をのべ、現在は会派としてウクライナ戦争の和平に向けた議論をしている最中だと説明しました。ボテンガ議員は、ベルリンの国際会議で、ともにスピーチを行いましたが、彼は、「国際会議で日本共産党が指摘したように、ウクライナ問題の解決は、国連憲章と国際法、四つの国連総会決議にもとづく解決が必要です」と発言しました。さらに欧州の各国政府がロシアを非難しながら、パレスチナ自治政府ガザを攻撃するイスラエルを擁護する「ダブルスタンダート」をとっていることが平和解決の妨げになっていると語りました。アメリカから距離をおいた非同盟の欧州が重要とのべ、「OSCEの強化は興味深いテーマです。それが原則（的解決方向）です」と語りました。ここでもウクライナ、ガザという二つの大問題で、さらに平和構築にむけた外交論で、太い一致が確認でき、心強い思いでした。

同時に、意見交換のなかで、アジア太平洋に対する強い関心、懸念が語られたことが特徴でした。アジア太平洋への軍事同盟拡大、日中関係と台湾問題、沖縄問題などについての質問が相次ぎ、私は、党の「東アジア平和提言」にもとづいて、それぞれについて答えました。さらに沖縄のたたかいへの連帯を訴えました。核兵器禁止条約の推進で協力していくことも話し合いました。

この懇談のなかで、古くからの友人とも出会いました。スウェーデン左翼党のヨナス・ショステド欧州議会議員（前党議長）です。この党は、6月の欧州議会選挙で大きな躍進をかちとりましたが、ショステド議員は、スウェーデンのNATO加盟に対して「ノー」を表明したと語りました。勇気ある態度を貫く中での躍進だと強い感銘を受けました。さらに、ショステド議員は、日本共産党について、発言での次のようにのべたのです。

「以前に熱海の日本共産党大会に参加し、とても良い記憶を持っています。その後、息子と一緒に日本を訪問しましたが、息子が日本共産党のポスターが欲しいというので、党本部を訪ねてポスターをもらいました。今でも息子の部屋にはポスターが貼ってあります。志位議長が表明された懸念を私も共有します。軍拡競争、ガザでのジェノサイド、ウクライナ侵略。われわれは欧州左翼とともに侵略者とたたかっています。日本共産党は外部からのあらゆる圧力に抗し、長い年月の間、自主独立の立場でたたかい抜いてきました。また社会主義のビジョンについてもユニークな見方を表明されてきました。民主主義と社会進歩のためにともにたたかってきたと考えています」

日本共産党の長年の一貫した自主独立のたたかいをよく知り、高く評価してくれたスウェーデンの古くからの同志の言葉は、私たちを強く感動させるものだったことを、報告しておきたいと思います。（拍手）

志位議長と会談するスウェーデン左翼党のヨナス・ショステド欧州議会議員（左端）＝9月5日、欧州議会

フランス共産党主催の夕食会――大激動のフランス政治情勢が説明された

私たちは、9月5日、フランス・パリに入り、9月9日までの期間に、さまざまな活動を行いました。

私たちが足を踏み入れたフランスは、政治的大激動のただなかにありました。

9月5日、私たちを温かく出迎えてくれたフランス共産党のバンサン・ブレ全国執行委員、国際担当責任者が、さっそく歓迎の夕食会をもってくれました。

そこでは、両党が直面する共通の国際問題、理論問題について突っ込んで意見を交わしましたが、くわえて、ブレ同志は、激動するフランスの政治情勢について詳細に説明してくれました。それは概略次のようなものでした。

――6～7月に行われたフランスの国民議会選挙の結果、新人民戦線（左翼連合）――共産党、「服従しないフランス」、社会党、緑の党などで構成されています――が第1勢力、与党連合が第2勢力、国民戦線（極右）が第3勢力となった。すなわち、左翼連合と極右が躍進し、与党連合が大敗する結果となった。これはマクロン政権の新自由主義的経済政策――大企業・富裕層優遇と国民生活犠牲の政策への国民の怒りが噴き出した結果だ。同時に、マクロン政権の新自由主義の失政への国民の怒りにつけこむ形で極右が台頭しており、排外主義を許さないたたかいが急務となっている。

――国民議会選挙で新人民戦線（左翼連合）が最大勢力を占めたにもかかわらず、マクロン大統領は、右翼で排外主義の立場でも悪名の高い人物を首相に任命した。この任命には極右勢力との暗黙の了解があったと指摘されている。現瞬間はマクロン派が極右を利用しているようにみえるが、このままでは、しだいに極右が影響力を浸透させ、最後には極右が権力を握る危険がある。

フランス共産党のバンサン・ブレ国際担当責任者と志位議長＝9月7日、パリの同党本部

――フランスの政局は、今後、新人民戦線（左翼連合）と極右勢力が正面からぶつかり合う構図となる可能性がある。これに対する左翼陣営のたたかいの基本は、新人民戦線の団結を強めることと、国民運動の力で反動勢力を包囲することにある。近く、国民の大規模なデモも予定されている。フランス共産党は、その成功のために全力をあげているところだ。

これがブレ同志の説明の概略であります。私たちは、この説明を緊張して聞きました。そして、極右勢力による排外主義から人権と自由を擁護することは、国際的意義をもつたたかいであり、それへの連帯を表明すると伝えました。

私たちは、翌日から、新人民戦線を構成する三つの党と順次、会談していきました。それぞれの党は、大激動の情勢対応に追われ、たいへん多忙だったと思いますが、会談はどれも充実した内容のものとなりました。

「服従しないフランス」のメランション代表――自由な意見交換で連帯と共同を確認

9月6日、私たちは、フランス国民議会選挙で最大勢力となった新人民戦線の第1党、「服従しないフランス」の党本部を訪問し、ジャンリュック・メランション代表との初の首脳会談を行いました。

メランション代表は、大激動のフランス政局のなかのキーマンの一人です。多忙を極めていたと思いますが、メランション代表のスケジュールの合間を縫って会談が実現し、両党間で、多くの政治的一致、共同と連帯を確認した重要な会談となりました。

会談で、「服従しないフランス」側は、

フランスの政治情勢について、「右と極右が手を結びました。これに対して左翼陣営はたたかっています」と、排外主義を許さないたたかいが急務になっていると強調しました。私は、新人民戦線が、極右勢力による排外主義に抗して活動していることに対して敬意と連帯を表明しました。

会談する「服従しないフランス」のジャンリュック・メランション代表と志位議長＝9月6日、パリの同党本部

会談の途中でメランション代表が参加し、自由な意見交換となりました。私が、メランション代表に、「あなたの著作『共同の未来――〈民衆連合〉のためのプログラム』（日本語訳、法政大学出版局）を読みました。それから、あなたが『労働に縛られない自由な時間こそ人間としていられる時間である』との演説を行っている動画を注目して見ました」と切り出しますと、彼は、謝意を表明し、「資本主義から次の別の世界に行く、転換期のプログラムを書いたものです」と説明しました。

メランション代表は、自身の近著『市民革命に向け、よりよく行動しよう！』に「親愛な志位和夫同志のために」と署名をして私に贈呈してくれ、私も『Q&A　共産主義と自由』に署名して英文のテキストとともに先方にお渡しし、マルクスも「自由な時間」の意義を強調していたと話しました。

私は、まず平和の問題で力を合わせたいとのべ、ガザに対するジェノサイド中止のために両党で力を合わせたいと提起しました。メランション代表は、「もちろん、コンタクトを続けてとりたい。理論的なものも大切です」とのべたうえで、「とくにアジア太平洋地域の問題点について関心があります。戦争の危険はないのでしょうか」と尋ねてきました。

私は、党の「東アジア平和提言」を手渡して説明し、日米軍事同盟とNATOの一体化の危険性を強調しました。「服従しないフランス」側は「東アジアについて立場はほとんど一致しています」と応じました。

私は、メランション代表が著書のなかで、「自主独立を取り戻す」、「非同盟のフランス」、「NATOの統合司令部から直ちに離脱し、NATO自体からも段階的に脱退する」、「インド太平洋での軍事同盟への加盟を拒否する」、「OSCEに再び全面的な権限を与える」などと明記していることに注目していますと話しますと、メランション代表は「政府と権力についての新しい提起です」と説明しました。

さらに私が、「核兵器のない世界」の

と、メランション代表は、「核兵器禁止条約に背を向けるフランス政府の態度に失望しています。広島、長崎の市長に私たちの気持ちを伝えたい。フランスにも別の声があることを伝えてほしい」と語りました。「服従しないフランス」は、核兵器禁止条約に賛成し、同条約の締約国会議にフランス政府がオブザーバー参加すべきだと要求しています。

メランション代表との会談は、時間は限られていましたが、政治的活気にあふれたものとなり、中身も濃厚だったと思います。多くの政治的一致点とともに、熱い連帯の気持ちが通いあうものとなったということを、みなさんに報告しておきたいと思います。（拍手）

フランス共産党のルセル全国書記――両党の友好関係を一段と引き上げるものに

9月7日、私たちは、フランス共産党本部を訪問し、ファビアン・ルセル全国書記と首脳会談を行いました。

フランス共産党本部の建物は、ブラジルの世界的建築家、オスカー・ニーマイヤー氏の設計によるもので、とても芸術的でユニークなデザインです。中に案内されると、多くの美術品が展示してある芸術的空間が広がっていました。

ルセル同志との会談も、先方が極めて多忙ななかのものとなりました。会談は、フランスの大激動の情勢への対応をめぐって、フランス共産党の全国評議会が開催されているさなかに、特別の時間を割いて行われたものであり、同じ日に行われた大規模集会への参加の合間を縫ってのものでもありました。私が、「同志の時間を搾取しないように会談を進めたい」というと、先方は、「食事をしながら議論をしましょう。こういう議論の進め方も私たちの伝統です」とのべ、ランチをはさんでの会談となりました。

会談で、私はまず、日本共産党とフランス共産党との友好の歴史は長いものがあり、フランス共産党のジョルジュ・マルシェ書記長やピエール・ローラン全国書記を日本に招待したことはありましたが、日本共産党の議長や委員長がフランス共産党を訪問するのは今回が初めてですとのべ、両党関係をさらに強化すること、平和の連帯を強めることを願って訪問したとあいさつしました。

ルセル同志は、「私たちの共闘はさかのぼれば、ナチス反対、広島・長崎の原爆被害、そうした時代からわれわれは長い共闘の歴史があります」と語りました。日本共産党の創立は１９２２年ですが、フランス共産党の創立は１９２０年です。「長い共闘の歴史」という言葉はたいへん印象的でした。

私たちは、平和の連帯について突っ込んだやりとりを行いました。ウクライナ侵略、ガザ危機、軍事同盟強化反対、核兵器禁止条約推進、排外主義との闘争など、ほとんどすべての国際問題で見解が一致し、たいへんに心が通いあう、強い協力と連帯を確認することができました。

ルセル同志は、「フランス共産党は、米国がアジアでも欧州でも軍事化を強めていることに懸念をもっています」、「フランスの自主性を守る立場から、NATOから離脱し、欧州のすべての国と安全保障に関する新しい取り決めを結ぶことを提案しています」と語るとともに、とくに東アジアについての日本共産党の方針について質問しました。

私は、党の「東アジア平和提言」を手渡して説明し、欧州についても、この「提言」のなかでは、先の展望としてOSCEの再活性化など、包摂的な平和の枠組みの必要性を指摘していると強調しました。ルセル同志は「アジアの問題についての日本共産党の分析は、私たちとも共通のものであり、うれしい」と語りました。

核兵器問題では、ルセル同志から、来年の被爆80周年にむけて連帯を強めたいという提起があり、私も喜んで進めたいと応じ、「核兵器のない世界」の実現に向けた協力を強めることを確認しました。

握手を交わすフランス共産党のファビアン・ルセル全国書記と志位議長＝9月7日、パリの同党本部

会談の最後に、ルセル同志から著作の贈呈を受け、私から『Q&A　共産主義と自由』と英文テキストをお渡しし、両党の理論交流について提案すると、先方から、理論問題を含め定期的な交流の提案があり、進めることで合意しました。

以上が、ルセル同志との会談の概略ですが、この会談は、両党の長い友好関係を一段と引き上げるものになったということを、報告しておきたいと思います。（拍手）

「フランス革命の伝統を引き継ぎ、人民の支持のもと社会変革を行う」（ブレ同志）

ルセル全国書記との首脳会談の後、バンサン・ブレ国際担当責任者と会談を続けました。内容は多岐にわたり、率直なやりとりが続きました。大学学費と教育に関する対話については後で紹介しますが、ここでまず報告しておきたいのは、フランス共産党の路線に関わる問題であります。

私は、「あなた方の規約を読みました」とのべ、フランス共産党が、２０２３年

4月に改定した規約前文――同党は綱領は持たず、綱領的な展望と基本原則の概要を規約前文に明記しています――のなかで、共産主義について、「各人の完全な自主性と完全な開花の促進を存在意義とするところにある」と、『共産党宣言』に立ち返った規定をしていること、ソ連時代の過ちを「二度と許してはならない」との表現で言及していることに注目していますとのべました。

そして、このことの意味を聞きますと、ブレ同志は、スターリンによる専制的体制を厳しく批判するとともに、スターリンの犯罪は、全世界の共産主義者の利益よりも自国の利益を優先したことにあり、1939年の独ソ不可侵条約をはじめ、フランス共産党は、旧ソ連の自国中心主義によってひどい犠牲を受けたと説明しました。そして「あなたの本に書いてあるように、コミュニズムは自由だということです」と強調しました。さらにブレ同志は、次のように続けました。

「共産主義と自由については、私たちはフランス革命からの伝統を引き継いでいます。フランス革命があり、パリ・コミューンがあり、（1930年代の）人民戦線があり、ナチスに対するレジスタンスがありました。私たちは、こういうフランス独自の流れを引き継いで、今日、人民の支持のもとに社会変革を行おうとしています」

私は、このやりとりをつうじて、フランス共産党が、フランス大革命の伝統に立脚し、さまざまな困難をのりこえて、新たな路線的な探求を進め、奮闘している姿を知り、大きな感動を覚えました。

今回のわが党のフランス訪問にさいして、フランス共産党が、車両の手配などを含めて、すべての面について同志的連帯の気持ちが深く伝わってくる温かいサポートをしてくれたことも、報告しておきたいと思います。

私は、会談の最後に、「フランス共産党の大きな成功を心から願います」とのべました。また、日本共産党もフランスの同志たちに負けない奮闘をしていきたいとの決意を新たにしたということを、報告しておきたいと思います。（拍手）

フランス緑の党のベロノー責任者――原発、環境、平和で意気投合

9月9日、私たちは、フランスの環境政党・緑の党の党本部を訪問し、マリナ・ベロノー国際責任者と会談しました。

フランス緑の党は、新人民戦線で重要な位置を占めている党です。わが党にとって、環境政党との国際的交流は、今回が初めてとなりましたが、環境と平和の問題を中心に、とてもユニークな会談となり、多くの一致点が確認できました。

まず話し合ったのは原発問題でした。私は、東京電力福島第1原発事故の発生

から13年が経過したが、なお多数の人々がつらい避難生活を強いられ、汚染水が増え続け、廃炉の見通しもたたないなど深刻な事態であることを話し、「原発問題は、大事故が起きた場合の被害が地球的規模で広がることからも重大な国際問題です。原発ゼロの世界のために協力して力をつくしたい」と話しました。ベロノー責任者は、深くうなずき、「素晴らしい考えです。私たちも同じ立場です」と語り、フランスの事情を詳しく説明してくれました。

握手を交わすフランス緑の党のマリナ・ベロノー国際責任者と志位議長＝9月9日、パリの同党本部

　フランスが原発依存国で現在も全土に50基以上の原発を有していること、フランス西部で原発の新規建設が進み国民への大きな経済的負担を強いていること、フランス東部では原発事故が起きれば隣国のルクセンブルクに深刻な影響が及ぶ危険があることなどを語り、「原発問題は国際問題でもあるという指摘は、まさにその通りです」、「原発のない世界をつくるために共同していきたい」と語りました。

　気候危機の問題もやりとりとなり、私は、「気候危機を打開する日本共産党の2030戦略」の概略を説明するとともに、『Q&A　共産主義と自由』とその英文テキストをお渡しし、この問題は、資本主義の枠内でも解決のための最大限の努力が必要ですが、資本主義そのものを変えることが問われてくる問題だと考えていると話しました。

　ベロノー責任者は、「資本主義の生産様式は、どんどん生産をして消費を拡大するやり方ですが、そういう体制全体を変えていかなければなりません」と応じました。資本主義という社会体制を変えていかなければならないという点で、有力な環境政党と共通の方向が確認されたことは、うれしいことでした。

　ガザへのジェノサイドの中止など平和の問題、排外主義に反対し人権と自由と擁護する点でも、意見が一致しました。先方からアジアでの軍拡の動きへの懸念がのべられ、私は、「東アジア平和提言」をくわしく紹介しました。ベロノー責任者が、「今の話を聞いて、外交的解決の道があると知り、安心しました」と感想をのべたことが印象的でした。

　私は、会談の最後に、核兵器禁止条約を協力して推進することを要請しました。ベロノー責任者は「私たちはあなたたちと近い立場です」とのべ、私が、「ぜひ機会があれば、広島、長崎を訪問してください」とのべますと、「よろこんで」と笑顔でのべて、会談は終わりました。

原発、環境、平和で意気投合した、とても良い会談となったと思います。

以上が、今回の欧州歴訪で行った左翼・進歩諸党との交流の概略であります。欧州左翼・進歩諸党との関係が、飛躍的に深まった、どの党とも今後の継続的交流の強化を首脳レベルで確認したことによって、「ヨーロッパへの窓」が大きく開かれたという感を強くします。それは、日本と欧州の平和・進歩勢力の連帯の確かな絆をつくるものとなったと確信するものであります。（拍手）

五、欧州の「社会的ルール」について学ぶ

私たちは、今回の訪問にあたって、欧州の「社会的ルール」の現状をつかみ、教訓を学び、日本の運動に生かすことを、訪問の目的の一つとして位置づけて努力しました。

日本共産党は、綱領で、「ヨーロッパの主要資本主義諸国や国際条約などの到達点も踏まえつつ、国民の生活と権利を守る『ルールある経済社会』をつくる」と明記しています。欧州の「社会的ルール」の生きた到達点はどうなっているのかを、直接、聞いてみたい。こうした思いから、私たちは、ベルギーとフランスで、労働組合のみなさんとの懇談を行いました。またフランス共産党とは、この問題についても会談のなかで突っ込んで聞く機会がありました。さらにブリュッセルにあるＥＵ本部を訪問し、この問題についてのレクチャーを受けました。

私たちが一番知りたかったのは、雇用でも、社会保障でも、教育でも、ジェンダーでも、欧州の到達点と日本の到達点にはたいへんに大きな開きがあるのはなぜなのかということでした。今回の欧州訪問で、私たちは、この素朴な質問をぶつけてみました。

まず、返ってきた答えは、欧州でも新自由主義による「社会的ルール」を壊す逆流とのせめぎあいが展開されているということでした。

同時に、欧州の同志たちから返ってきたのは、労働者・国民の長期にわたる粘り強いたたかいによって「社会的ルール」をつくってきたし、いまもそうしたたたかいを続けているということでした。たたかいこそ「社会的ルール」をつくる。このシンプルな事実にこそ真実があるということでした。

もちろん、私たちが把握できたのは、この問題のほんの一端にすぎません。それでも日本の運動の発展のヒントになるいくつもの教訓に出会うことができました。それを報告したいと思います。

ベルギーの労働組合との懇談――労働時間と最低賃金のたたかい、連帯の精神

私たちは、9月4日、ブリュッセル市内で、ベルギー労働党の労働組合担当者、ベルギーの労働組合幹部と懇談しました。ベルギーの同志たちは、まず労働時間をめぐるたたかいについて次のように説明してくれました。

「労働協約では現在週38時間労働となっています。三つのレベルで交渉が行われています。一つは産業の枠を超えた全体のレベル、一つは産業別のレベル、一つは企業別のレベルです。企業協約は産業別を下回ってはならず、産業別は全体のレベルを下回ってはならないとされています。しかし政府は、このヒエラルキーを壊そうとしており、たたかいのさなかにあります。さらにこれはフルタイムの話でパートタイムはこれにあてはまりません。清掃などのパートの仕事は女性が多く、非常に低い賃金で働かされています。フルタイムと同じ権利を保障することが必要です。そこで労組としての要求は、『賃下げなしの週32時間労働』です。フルタイム労働者の労働時間が短くなれば、パートタイム労働者の労働条件が良くなります。フルタイムとパートタイムの労働時間が近づき、男女の賃金が同一になるためにも時間短縮が必要です。政府・資本家は分断の論理を押し付けてきますが、われわれは連帯の論理でたたかっています」

連帯の論理ということの強調がたいへんに印象的でした。私たちがさらに、労働時間短縮の意義をどう捉えているのですかと聞くと、次のような答えが返ってきました。

「自由な時間のためです。自由な時間を自由な活動につかうことはもちろん大切ですが、たたかわないと自由な時間もつくれません。資本家とたたかうために自由な時間をつかうのです」

マルクスは、労働者たちが「自由な時間」をもつことは、労働者に精神的にも肉体的にも大きな活力をあたえ、心身ともにエンパワーメントした労働者が、政治権力の獲得に向かうエネルギーをえると語りましたが、マルクスのこの思想と同じ言葉がベルギーの同志たちから語られたことは、とても印象的でした。

さらにベルギーの同志たちは、最低賃金をめぐるたたかいについて次のように語りました。

「最低賃金も労働協約で決まり、労働時間と同じように三つのレベルからなっています。全国レベルでは、フルタイム週38時間で、最低賃金は月２０５０ユーロ（約33万円）です。産業別では金属労働者では月２７００ユーロ（約43万円）です。最低賃金は『生計費』が最大の基準にすえられています。物価が上がると自動的に最低賃金も上がる仕組みとなっています。現在の水準では、生計費をまかなえていないと、さらなる引き上げを

要求し、ストライキやデモでたたかっていいます。月２０５０ユーロはあくまで最低賃金で、労働者の平均賃金はもとよりさらに高い水準ですが、最低賃金を上げることは労働者全体の賃上げにつながると、連帯の精神でたたかっています」

日本円で月33万円、金属労働者では月43万円という最低賃金の到達点の高さ、それでも生計費に足らないと言ってストライキでさらなる引き上げを求めていることを、私は、驚きをもって聞きました。またここでも連帯の精神ということが語られたことを、感動をもって聞きました。ベルギーは、ＥＵ諸国のなかでも最低賃金が高いことで知られていますが、それはこのような労働者の連帯したたたかいの結果だということに、私は、強い感銘を受けました。

フランス労働総同盟（ＣＧＴ）――「週32時間労働制」をめざすたたかい

さらに、９月６日、私たちは、パリ市内にあるフランスの労働組合ナショナルセンター「労働総同盟（ＣＧＴ）」の本部を訪問し、国際担当者や要求運動部門担当者のみなさんと懇談しました。

ＣＧＴは、１８９５年に創設され、長い歴史的なたたかいの経験をもっています。訪問をしてみますとたいへんに立派な本部ビルに驚きます。全労連のみなさんとも交流・連帯している強力な階級的労働組合であり、訪欧に先立って全労連のみなさんと懇談し、さまざまな資料も事前にいただいたうえで、ＣＧＴとの懇談にのぞみました。私たちが、ＣＧＴとの懇談で集中的にお話をうかがったのは、いまＣＧＴが「週32時間労働制」の実現を求めてたたかっていることについてでした。

私たちが、「週32時間労働制」を求めてたたかっている意義を尋ねると、ＣＧＴのみなさんは、まず歴史を語りました。19世紀中ごろにフランスで労働時間規制が始まり、１９３０年代の人民戦線政府での「バカンス」の獲得など、長期にわたるフランス労働者のたたかいによって、一歩一歩労働時間を短縮させてきた歴史を語りました。

そのうえでＣＧＴが「週32時間労働制」の必要性をいくつかの角度からまとめたパンフレット『週32時間労働制は可能であり急務――より少なく働き、より良く働き、みんなが働く』（２０２１年12月）をもとに、詳細にその内容を説明してくれました。このパンフレットでは「週32時間労働制」がいかに大切かを、いくつかの柱で定式化しています。その概略は以下の通りです。

――「労働時間の短縮は、組織化すれば可能であり、有益である」。フランスでは、１９９８年～２０００年の立法によって週35時間労働制が法定されました。これは労働者のたたかいによる大きな前進で、少なくとも35万人の新たな雇用をつくりだしました。同時に、多くの

部門で使用者を規制する十分な法的枠組みがなかったため、労働強化と賃金の低

CGT本部を訪問し専従者と懇談する志位議長（右端）＝9月6日、パリ

迷を招きました。こうした経験を踏まえ、「週32時間労働制」では、賃金を下げず、雇用創出の義務を伴う法的枠組みをつくらなければならないとされています。CGTは、労働時間の短縮、賃上げなどを条件として使用者に対する公的支援を行うことを断固として支持していると強調されています。

――「労働時間の短縮は、賃金の敵でも雇用の敵でもない」。労働時間の短縮は、ワークシェアリングによって新たな雇用を生み出します。労働時間の短縮によってもたらされる個人的な時間の増加は、それ自体が需要をつくり、雇用創出

「週32時間労働制」の必要性をまとめたCGTのパンフレット

の要因となります。そのことは週35時間労働制が、文化、レジャー、観光分野の力強い成長につながり、多くの新規雇用を創出したことにも示されています。

――「労働時間の短縮は、男女間の不平等を是正するための強力なテコである」。フルタイムの労働者の労働時間短縮によって、男性がより家事を担えるようになります。そのことによって、女性を含めてすべての人が子育ての責任を担いながらフルタイムで働けるようになり、男女間の賃金の不平等を是正する強力なテコとなります。

――「労働時間の短縮は、環境保護と社会変革のために必要である」。CGTのみなさんは、労働時間が増えると、二酸化炭素排出量が増えるという、具体的試算を紹介してくれました。労働時間が減れば、自動的に移動量が減り、職場の炭素排出量も減り、職場のエネルギー消費量も減ります。さらに、労働時間の短縮は、職場でのより集団的な行動を可能にし、社会変革のためにも必要です。労働者が社会変革のためにたたかううえで

も「自由な時間」が必要だということが強調されました。

――「つながらない権利」を厳格に保障する。「つながらない権利」とは、「労働していない時間については労働から解放されるとともに、Eメールやその他のメッセージを遮断することを可能にする権利」と定義されているものです。さきに、欧州左翼党本部でバイアー議長と会談したことをお話ししましたが、この会談にオンラインで参加した国際部長のマイテ・モラさんに、私たちはメールである日程調整をお願いしていました。ところがメールの返事がいつになってもこない。会談の直前に連絡がとれました。事情を聞いてみますと、マイテ・モラさんは、ギリシャでバカンス中だったため、メールの連絡を断っていたのです。こうした経験を通じても、バカンス中は一秒たりとも仕事にはつかわない、「つながらない権利」を行使するという欧州では当然のルールをよく理解することが必要だと痛感したしだいであります。

――「労働時間の短縮により、労働の負荷を軽減し、60歳で健康なまま退職し、年金を満額受給できるようにする」。労働時間短縮を、年金受給年齢引き上げ反対とセットで、すなわち「生涯労働時間を減らす」という見地でとりくむことが強調されました。

「資本はより多く働かせ、より多く稼ぐ」に対して、「労働者はより少なく働き、より良く働き、真に豊かな暮らしを享受する」という見地でたたかっているとのことでした。

フランスの労働運動が、「たたかいによって労働条件を良くし、労働時間を短くする」というたたかいに情熱的にとりくんでいることがひしひしと伝わってくる懇談でした。

この懇談の最後に、私が、「自由な時間」とマルクスの『資本論草稿集』などの探究について話したところ、応対にあたってくれた労組幹部が、「私もマルクスの『資本論草稿集』を読んでいます。労働組合として特別の教育機関を設け、マルクスの思想的教育、労働者の階級的自覚を育む教育に力を入れています」とのべたことは、うれしい驚きでした。

欧州の労働組合では、労働者の階級的意識、階級的自覚を培う学習活動にも大きな力を注いでいると聞きました。「富を生み出すのは労働者」という自覚をみんなのものにする努力を払っています。ここにも私たちが学ぶべき重要な教訓があると感じたことを、みなさんに報告しておきたいと思います。（拍手）

どうしてフランスの大学学費は無償か――ここにもたたかいの歴史がある

私たちは、大学の学費についても、どうしても聞いておきたいと考えました。

日本の大学学費が異常に高く、多くの学生を苦しめているのとは対照的に、フランスでは大学の授業料は無償だからです。そのうえ学生には奨学金が支給されます。支給とは、貸与でなく給付ということであります。

9月7日、フランス共産党のバンサン・ブレ国際担当責任者との会談のなかで、私は、「なぜ、どういう考え方にもとづいて学費を無償にしているのか、教えてください」と尋ねました。この問題でも、ブレ同志が語ったのは、たたかいの歴史でした。彼は、次のように説明してくれました。

「19世紀後半に重要な決定がありました。1881年に法律がつくられ、フランスの教育は無償かつ義務であると定められました。小中高校だけなく、より高度な教育についてもそれが適用されています。教育は財政で支援することが当たり前になっています。公共教育という概念は共和主義と関係しています。1881年の法律は、共和国建国のさなかのものでした。カトリックによる教育支配に対抗して、教育を教会権力から引き離す政教分離の原則が確立されました。この法律の目的は、共和主義を支える文化と教養、知的判断力をもった国民を育て上げることにあります。国民という概念は、フランス革命によって築き上げられたものです。だからこそ学費の無償化はフランスにとって当然なのです」

私は、「素晴らしいご説明をいただいた」とのべ、「共和主義を支える知的な判断力、批判精神をもった国民を育てることが教育の使命であり、だから費用を社会が負担することは当たり前ということですね」とのべると、ブレ同志は「そのとおりです」と語りました。

ブレ同志が1881年の法律と呼んだのは、フランスで共和派政権が成立したのち、当時の公教育相ジュズ・フェリーによって立法化された法律のことで、それまで行われてきた公立小学校などでの授業料の徴収を禁止し、受益者負担主義を廃止するとともに、教育費の公費完全負担主義を確立した法律です。この考え方は、その後のフランス憲法にも明記されることになりました。より広く言えば、「高等教育によって利益を受けるのは社会である。だからその費用負担を社会がするのは当たり前だ」という明確なコンセンサスが、フランス革命以来の人民のたたかいによってつくられてきているのであります。

私は、この話を聞き、1970年代以降、受益者負担主義に立って大学学費の値上げを続けてきた自民党政治との巨大な落差を感じました。いま、東京大学をはじめとする国立大学の学費値上げが一大問題となっていますが、日本の政治が、あしき受益者負担主義と決別し、大学学費の無償化にとりくむべきだということを、強く訴えていきたいと思います。（拍手）

日本でも国民のたたかいの力で、「ルールある経済社会」をつくろう

一連の欧州での懇談をつうじて実感したのは、欧州における「社会的ルール」の先進的到達は、自然につくられたものではない。人民のたたかいがつくったものだということでした。もちろん、日本にもたたかいによって「社会的ルール」をつくってきた歴史はあるし、重要な到達点を築いてきた分野もあります。同時に、欧州の「社会的ルール」の到達点は、労働でも、教育でも、あらゆる面で、分厚い歴史的たたかいの積み重ねによってつくられたものであり、そこには私たちが学ぶべき多くの教訓があると思います。

欧州のすぐれた経験にも学びながら、日本でも、国民のたたかいをあらゆる分野で発展させ、その力で、国民の暮らしと権利を守る「ルールある経済社会」をつくろうではありませんか。（拍手）

六、訪問全体をつうじて感じた三つのこと

以上が、欧州歴訪の概要の報告であります。

私たちは、今回の訪問で、ドイツ外務省とフランス外務省をそれぞれ訪問し、党の「東アジア平和提言」を説明し、意見交換を行いました。また、ベルギーのブリュッセルではEU本部を訪問し、EUが「欧州の社会的ルール」をつくるうえで果たしている役割について、詳細な説明をしていただきました。どれもが私たちにとってたいへん有益な経験となりました。

パリでは、市内東部にあるペール・ラシェーズ墓地を訪問し、歴代の革命家や共産主義者への追悼と連帯の思いをささげました。パリ最大のこの墓地には、フランスでなくなった著名な芸術家、知識人、保革の政治家たちも埋葬されています。これはフィクションですが、ヴィクトル・ユゴーの『レ・ミゼラブル』には、主人公のジャン・バルジャンもこの墓地にひっそりと埋葬されたと書かれています。私たちは、マルクスが「天をも脅かす巨人たち」とたたえた、「パリコミューン連盟兵」が最後に銃殺された戦いの跡を残す壁にも足を運びました。「コミューンの死者たちへ」と刻まれた壁

は、フランスの各政党が毎年、党派を超えて追悼に訪れるほか、選挙戦の決起の場ともなっていると聞きました。私たちは、フランスにおける革命の精神の深さを実感しながら、帰国の途につきました。

ペール・ラシェーズ墓地を訪れた志位議長＝9月8日、パリ

欧州は、距離こそ離れているが、とても身近な存在――互いに学びあいを

報告の最後に、訪問の全体をつうじて私が実感したことを、3点ほどお話しさせていただきたいと思います。

第一は、日本と欧州は、距離は1万数千キロも離れていますが、それぞれの社会進歩の運動には、共通点が多い。共通する条件、共通する課題、共通する困難、共通する教訓が、たくさん存在しているということです。そして欧州でも、発達した資本主義国という同じ条件のもとで、特別の困難なもとで苦闘しながら前途を切り開いている同志たちが奮闘しているということです。

一言で言えば、私たちにとって欧州は、距離こそ離れているが、とても身近な存在だということです。ですから、双方の連帯を強めるとともに、実践でも、理論でも、互いの努力を敬意をもって学びあうことが、大きな意義をもつことになると痛感しています。その新たな一歩を開始したという点で、今回の歴訪は、重要な意義がある訪問となったと思います。

資本主義体制の矛盾があるかぎり、社会進歩の運動は必ず起こり、発展する

第二は、旧ソ連・東欧の崩壊によって、欧州の左翼・進歩諸党・諸勢力は、大きな困難に直面しましたが、それから30年余たったいま、欧州のさまざまな国

で、困難をのりこえて、新しい道を探求し開拓する運動が起こり、発展しつつあるということです。この世界的激動のなかで姿を消した党もありますが、新たに発展をかちとりつつある党もあります。困難ななかで前途を切り開くために苦闘している党もあります。

世界の資本主義体制の矛盾は、貧富の格差の拡大など諸国民の状態悪化という点でも、気候危機など環境破壊という点でも、きわめて深刻です。それは日本でも、欧州でも、鋭い形であらわれています。こうした矛盾があるかぎり、そしてこの矛盾を人民の要求にそくして打開しようという意思があるかぎり、社会進歩をめざす運動は必ず起こり、必ず発展します。このことに大局的な確信をもって、未来にのぞもうではありませんか。（拍手）

初対面なのに、古くからの友人であるかのような会談がどうして成立したか

第三は、なぜ欧州の同志たちが、久方ぶりの日本共産党の訪問を、温かい歓迎をもって迎えてくれたのかという問題であります。

今回の訪問で、私たちは一連の左翼・進歩諸党と首脳会談を行いましたが、フランス共産党以外の諸党との首脳会談は、すべて今回が初めてのことでした。私自身にとっては、個人的には、すべてが初対面でした。にもかかわらず、あたかも古くからの友人であるかのような心が通じあった会談がどうして成立したのか。私たちの実感としては、次の二つの点があります。

一つは、日本共産党が一貫した歴史と路線をもった党だということを、少なくない欧州の同志たちが知っているということです。それは、過去に、直接、わが党との交流の経験をもっているイタリア左翼のルチアーナ・カステリーナさんや、スウェーデン左翼党前議長のヨナス・ショステドさんだけではありません。欧州歴訪で行った会談や懇談の全体をつうじて、わが党の一貫した歴史と路線――とくに自主独立の路線への信頼を、私たちは感じました。わが党が綱領と大会決定にもとづいてとりくんできた外交論、自由論、未来社会論が、国際的にも一定の意義をもつことが確認できたことも、たいへんにうれしいことでした。

いま一つは、日本共産党が、草の根で国民と結びつき、国民の願いにこたえて奮闘する党であることを、少なくない欧州の同志たちが知っているということです。それは、新しく誕生し、躍進をとげているベルギー労働党との会談で、「しんぶん赤旗」が話題になったことにも示されました。全党のみなさんが、苦労しながら、強く大きな党をつくるために力をつくしてきたからこそ、欧州の同志たちとの出会いが可能になったということ

を、私は、敬意と感謝を込めて強調したいと思います。（拍手）

総選挙では日本共産党の躍進を必ずかちとり、日本国民、世界に希望を届けよう

私たちは、国際会議、一連の会談や懇談をつうじて、欧州の同志たちの成功と躍進を心から願わずにはいられませんでした。おそらくは欧州の同志たちも、わが党の成功と躍進を願ってくれていると強く確信しています。

みなさん。その期待にこたえて、総選挙では日本共産党の躍進を必ずかちとり、日本国民のみならず、世界に希望を届けようではありませんか。（拍手）

私たちは、昨日の常任幹部会で、現在の政治情勢を分析し、早期に解散・総選挙が行われる可能性が高まったという判断を行い、それにそなえて総選挙勝利を正面にすえた活動にきりかえる「訴え」を出しました。全有権者規模での宣伝と組織活動を展開しながら、それと一体に党勢拡大の目標をやり抜く、選挙戦を国民とともにたたかう選挙にしていく、〝選挙必勝〟の強力な臨戦態勢を確立することを呼びかけました。総選挙勝利にむけた全党の総決起を訴えて、報告を終わります。（大きな拍手）

（「しんぶん赤旗」２０２４年9月20日付）

2024年8月31日にドイツ・ベルリンで開催された国際平和会議「今こそ外交を！」で、日本共産党の志位和夫議長が行った発言は次の通りです。

平和のためのアジアと欧州の連帯を

ベルリン国際平和会議　志位議長の発言

ウクライナでの流血を終わらせるために、和平協議に道を開くあらゆる努力を

尊敬する議長、親愛な友人のみなさん。会議への招待に感謝します。

私は、日本共産党を代表し、「平和のためのアジアと欧州の連帯を」と題して発言いたします。

ウクライナ侵略とガザ危機は、恐るべき犠牲をもたらし、国連憲章にもとづく世界の平和秩序を根底から脅かしています。核兵器による威嚇は世界を震撼《しんかん》させています。長引く戦争は気候危機に深刻な影響を及ぼしています。

そうしたもと、ウクライナの流血を終わらせるために、国際社会に「和平協議に道を開くあらゆる努力」を求めるこの国際会議のイニシアチブに、私は強く賛成します。

このイニシアチブが実ることを願って、四つの点を強調したいと思います。

国連憲章・国際法・国連総会決議にもとづく公正な和平を

第1は、和平協議の目的をどこにおくかという問題です。

和平は、国連憲章、国際法、ロシアによる侵略を非難し、即時撤退を求める4度にわたる国連総会決議にもとづく公正な和平であるべきです。

「国連憲章を守れ」の一点で世界の圧倒的多数の国ぐにが団結することこそ、この戦争を終わらせる道です。

公正な和平を達成するためには一定の時間や段階が必要でしょうが、国連憲章にもとづく平和秩序の回復を和平協議の目的として揺るがずに追求することが何よりも大切だと考えるものです。

「ダブルスタンダード」が最大の障害——誰に対してであれ国際法は平等に適用を

第2は、公正な和平を阻んでいるものはなにかという問題です。

米国などG7（主要7カ国）の側の最大の問題点は、「ダブルスタンダード」にあります。ロシアを非難するが、イスラエルを事実上擁護する。これこそが国際社会の団結の最大の障害になっています。ウクライナ人、パレスチナ人、イスラエル人の命に異なる価値をつけることで、どうして世界が団結できるでしょうか。

誰に対してであれ、国連憲章と国際法は、平等に適用されなければなりません。ロシアの侵略を終わらせるとともに、ハマスによる人質解放、イスラエルによるガザのジェノサイドを止めるために、全世界が団結することを強く訴えます。

ユーラシア大陸の東と西での軍事同盟強化に反対する連帯したたたかいを

第3は、ウクライナ侵略を利用して軍事同盟強化をはかる動きを、決して許してはならないということです。

アメリカはいま、「統合抑止」の名で、ユーラシア大陸の東と西で軍事同盟強化を進め、それを一つに結びつけようとしています。欧州での北大西洋条約機構（NATO）の強化は日本から見ても恐るべきものです。

同時に、お伝えしたいのは、日本でもかつてない軍事同盟強化が進行中だということです。集団的自衛権の行使容認、アジア大陸の奥深くまでとどく長射程ミサイルの配備、国内総生産（GDP）比2％の大軍拡、武器輸出の解禁——どれも日本国憲法第9条のもとで「できない」とされてきたことが、多くの国民の反対の声を押し切って強行されつつあります。

日本の自衛隊とNATO諸国の軍隊との軍事的共同が強まっていることもきわめて重大です。

軍事同盟強化は、軍事対軍事の悪循環を招き、世界を対立するブロックに引き裂いています。この道で平和をつくることは決してできません。

欧州左翼のみなさんが、困難な情勢のもとで、軍事ブロック反対の旗を勇気を持って掲げて奮闘していることに、私は熱い連帯のメッセージを送ります。そしてユーラシア大陸の東と西で行われている軍事同盟強化に反対する連帯したたたかいをおこすことを心から呼びかけます。

さらに、広島・長崎で言語に絶する非人道的惨禍を体験した国の政党として、軍事同盟の中核にすえられている「核抑止力」論に反対し、核兵器禁止条約にそれぞれの国が参加するための連帯を心から訴えるものです。

平和の対案――ＡＳＥＡＮに注目し、協力を追求してきた

第4は、平和の対案をうちたてるということです。

東アジアの平和構築という点で、私たちが注目し、協力を追求してきたのが、東南アジア諸国連合（ＡＳＥＡＮ）です。ＡＳＥＡＮは、紛争の平和的解決を義務づけた東南アジア友好協力条約（ＴＡＣ）を土台に、徹底した対話の積み重ねによって、東南アジアを平和の共同体に変えました。

さらにＡＳＥＡＮは平和の流れを域外にも広げてきました。その最新の到達点が、２０１９年のＡＳＥＡＮ首脳会議で採択された「ＡＳＥＡＮインド太平洋構想（ＡＯＩＰ）」です。この構想は、ＴＡＣを指針として、ＡＳＥＡＮ10カ国プラス日本・中国・米国・ロシアを含む８カ国で構成される東アジアサミットを対話と協力のプラットフォームとして強化し、ゆくゆくは東アジア規模の友好協力条約を展望しようという壮大な構想です。

私たちはこの構想に全面的に賛成です。私たちはこの構想の何よりもの意義は、あれこれの国を排除する排他的枠組みでなく、地域のすべての国を包み込む包摂的な平和の枠組みをつくることにあると考えています。

「東アジア平和提言」――包摂的な平和の枠組みの重要性は欧州でも

日本共産党は、大軍拡への抜本的対案として「東アジア平和提言」を提唱しています。いま日本がやるべきは、軍事的対応の強化ではなく、ＡＳＥＡＮ諸国と手を携え、ＡＯＩＰの実現を共通の目標にすえ、東アジアを戦争の心配のない地域にしていくための憲法9条を生かした外交にこそある。これが私たちの「提言」です。

軍事でなく対話を、排除でなく包摂を――私はここにこそ東アジアに平和をつくる大道があると確信します。

欧州と東アジアには条件の違いがあるでしょう。同時に、欧州でも欧州安全保障協力機構（ＯＳＣＥ）の再活性化など、包摂的な平和の枠組みの構築に関する議論や探究があると聞きます。欧州の平和と安定を確かなものとするためには、欧州のすべての国を包摂する平和の枠組みが大切になってくるのではないでしょうか。

平和のためのアジアと欧州の連帯を強く訴えて発言とします。

会議の趣旨とかみ合い、響き合った

志位議長が感想

――今回の国際会議の特徴は？

志位　この国際会議は、ウクライナ和

平交渉を開始することを国際社会に求めることを中心テーマにしたもので、欧州左翼党のワルター・バイアー議長、英国のジェレミー・コービン労働党前党首、イタリア左翼のルチアーナ・カステリーナ氏をはじめ、欧州左翼の主要人物が次々と発言し、重要な成功をおさめたと思います。

――議長の発言の中心点は？

志位　ウクライナ和平交渉開始を国際社会に訴えるという会議の趣旨に、強く賛同したうえで、和平は国連憲章、国際法、4回にわたる国連総会決議に基づいた公正な和平であるべきで、一定の時間や段階がかかってもこの目的を揺るがずに貫くことが大切だと訴えました。

　そのうえで公正な和平を阻んでいるものとして、米国を筆頭とする主要7カ国（G7）の態度――ロシアを非難するが、イスラエルを擁護するという彼らの「二重基準」を厳しく指摘しました。

――アジアと欧州での平和の連帯の訴えはとても印象的でした。

志位　アジアの政党の参加者は私だけでしたから。アジアと欧州で米国主導で軍事同盟の恐るべき強化が同時並行的に進んでいます。連帯したたたかいが必要です。同時に、平和の対案が必要です。党の「東アジア平和提言」を紹介しつつ、対話による包摂的な平和の枠組みづくりの重要性を訴えました。

――どのような反応が寄せられましたか？

志位　アジアからの発言に、メモをとって食い入るように聞くなど、強い関心とともに温かい連帯の気持ちを感じました。発言後、参加者から「素晴らしいスピーチでした」と次々に感想が寄せられました。

　核兵器と核兵器禁止条約に関する箇所では拍手が起こりました。発言後はドイツの大学生から「国連憲章を重視するなど原則を重視した発言に注目しました」という感想や質問もいただきました。発言は、全体として会議の趣旨とかみ合って、響き合い、歓迎されたと感じました。

――会議で確認された重要点は？

志位　ウクライナ戦争をめぐり軍事一辺倒になっている状況を転換し「今こそ外交的解決を」と和平交渉を国際社会によびかけたことです。とりわけ地域と世界を分断するブロック政治に反対するという立場が、最後の段階で「呼びかけ文」を修正・補強する形で明記されたことはたいへんに重要だったと思います。

（聞き手・吉本博美）

（「しんぶん赤旗」2024年9月2日付）

日本共産党の志位和夫議長が2024年9月2日、ベルリン市内のローザ・ルクセンブルク財団本部で開催された「共産主義と自由」についての理論交流で行った発言全文は次の通りです。

「共産主義と自由」についての日本共産党の探究

ベルリン理論交流　志位議長の発言

マルクス、エンゲルスの母国での理論交流は大きな喜び

こうした懇談の場を設けていただき心から感謝します。日本共産党が理論的基礎とする科学的社会主義の創設者――マルクス、エンゲルスの母国でこうしたテーマでお話しできることは、私にとって大きな喜びです。

この懇談の素材にと、二つの英文のテキスト――『Q＆A　共産主義と自由――「資本論」を導きに』、『「自由な時間」と未来社会論――マルクスの探究の足跡をたどる』をお届けしました。前者は「共産主義と自由」というテーマについて、若者とのQ＆Aを通じて話したものです。後者は、その理論的背景を、マルクスの『資本論草稿集』『資本論』などでの探究の足跡をたどって明らかにしたものです。冒頭、その中心点について説明し、懇談の素材を提供させていただきたいと思います。

綱領路線の確立と、マルクスの理論の本来の輝きを現代に生かす探究の発展

まず内容に入る前に、日本共産党として、こうした理論問題を重視して取り組んでいる背景と動機についてお話しします。

日本共産党は、1922年に党を創立

して以来102年の歴史を持ちますが、現在の党綱領の土台となる政治路線を確定したのは、1961年の第8回党大会でした。綱領路線確定にいたる時期にわが党は深刻な苦難を体験しました。1950年、ソ連のスターリンと中国によって、武力闘争を押し付ける乱暴な干渉が行われ、党が分裂し、国会での議席がゼロになるという状況に陥ったのです。この分裂を克服する過程で、わが党は「どんな大国の言いなりにもならず、自らの進路は自らの意思で決定する」という自主独立の路線を確立し、その立場にたって61年に綱領路線を確定しました。

61年綱領の骨格は、国民多数の合意にもとづいて、まず異常な対米従属と財界・大企業中心の政治を打破する民主主義革命を行い、続いて社会主義的変革に進むというもので、この路線はわが党の発展の理論的土台となりました。

その後、わが党はソ連と中国の党による乱暴な干渉に遭遇しましたが、それを打ち破る中で綱領路線を独自に発展させる努力を続けてきました。スターリンによる理論の歪曲《わいきょく》を一掃し、マルクスの理論の本来の輝き――とくに多数者革命論、未来社会論を現代に生かす理論活動に力を入れ、その成果はこの間行った綱領改定で現綱領に反映されています。懇談の素材としてお渡ししている二つのテキストは、そうした理論的探究の今日における一つの到達点です。

「共産主義と自由」についての真実を広く伝えることは、多数者結集の戦略的課題

その上で、いま私たちがこうした理論活動に力を注いでいる政治的動機についてお話ししたいと思います。

61年綱領確定後の60年余に、わが党は国政選挙で3回にわたって躍進を記録しています。第1の躍進は、1970年代で約600万票を得ました。第2の躍進は、90年代後半で800万票を超える票を得ました。第3の躍進は、2010年代で600万票を超える票を得ました。

どの躍進も重要でしたが、躍進のたびに支配勢力は激しい反共攻撃と政界の反動的再編で応え、わが党は後退を余儀なくされました。反共攻撃の最大の中心点の一つは、「共産主義には自由がない」というものでした。こうした反共的言説は、なお国民のなかに広く影響力を持っています。

こうした経験と現状にてらして、私たちは「共産主義と自由」についての真実を広く国民に伝えることは、21世紀の今日において、日本の社会変革の事業に国民多数を結集する上で、とくに若い世代を結集する上で、避けて通ることができない戦略的課題だと考えています。

「人間の自由」をキーワードに未来社会の展望を三つの角度から特徴づけた

今年1月に開催した第29回党大会決議で、私たちは綱領を土台に党の社会主義・共産主義論――未来社会論の新たな発展を行いました。

党大会決議では、「人間の自由」こそ社会主義・共産主義の目的であり、最大の特質であると強調し、「人間の自由」

をキーワードにして未来社会の展望を三つの角度から特徴づけました。

第1は、「『利潤第一主義』からの自由」という角度です。

第2は、「人間の自由で全面的な発展」という角度です。

第3は、「発達した資本主義国の巨大な可能性」という角度です。

お渡しした二つのテキストは党大会決議をさらに理論的に発展させたものです。その中心点を説明していきたいと思います。

「利潤第一主義」からの自由 ――「生産手段の社会化」と「自由」は深く結びついている

『Q&A』では、「序論」として、「資本主義は本当に『人間の自由』を保障しているか?」という問いかけから始めています。

ごく一握りの富裕層とグローバル大企業が、50億人の人々の貧困の拡大の上に繁栄を謳歌《おうか》する社会が、果たして「自由」な社会といえるだろうか。深刻化する気候危機は、人類の生存の自由という「自由」の根源的土台を危険にさらしているではないか。こうした問いかけから始めています。

その上で、第1の角度――「利潤第一主義」からの自由について述べています。資本主義的な「利潤第一主義」がもたらしている害悪を、貧困と格差の拡大と、気候危機の深刻化という二つの面から告発し、それらの害悪をとりのぞく道が「生産手段の社会化」にあることを述べています。

その際「生産手段の社会化」と「人間の自由」との関係に焦点をあてて、両者が深く結びついていることを明らかにすることに一つの力点を置きました。「生産手段の社会化」によって、人間は「利潤第一主義」から自由になり、「自由な生産者が主役」の社会の実現に道が開かれ、貧困や格差から自由になり、恐慌や気候危機など無政府主義的生産のもたらす攪乱《かくらん》から自由になり、「人間の自由」が大きく拡大することを明らかにしました。

人間の自由で全面的な発展 ――「自由に処分できる時間」こそカギ

つぎに第2の角度――人間の自由で全面的な発展について述べています。マルクス、エンゲルスは、『共産党宣言』で、社会主義・共産主義社会を、「各人の自由な発展が、万人の自由な発展の条件となる連合体」と特徴づけました。

人間は誰でも自己の中に素晴らしい潜在的可能性を持っています。しかし資本主義のもとでは、それが実現できるのは一部の人に限られ、実現できないままに埋もれてしまうことも少なくありません。どうしたらすべての人間が自由に全面的に発展できる社会がつくれるか。これはマルクスが若い時代から晩年まで一貫して追求した問題でした。

その保障をどこに見いだすか。マルクスは1850年代に入ってからの経済学の本格的研究の中で、十分な「自由に処分できる時間」を得ることこそ、人間の自由で全面的な発展のカギだということを突き止めていきます。

「自由な時間」と未来社会に関するマルクスの探究の足跡

二つのテキストでは、マルクスの探究の足跡を時系列でたどってみました。

――マルクスは、１８５１年、大英博物館の図書館で、イギリスのチャールズ・ウェントワース・ディルクという評論家が匿名で出版したパンフレットに出会います。このパンフレットは、１日の労働時間を12時間から6時間に短縮することを提起し、富とはこうして人々が得ることができる「自由に処分できる時間」だという主張を行っていました。マルクスは、この主張に強い感銘を受け、ノートに詳細に記しました。

――マルクスは、１８５７年から63年にかけての『資本論草稿』の研究の中で、資本主義的搾取の秘密を解明するとともに、搾取によって奪われているものは何かを考察していきます。ここでマルクスは、ディルクの主張に立ちかえり、「自由に処分できる時間」という考え方を、自らの理論の根幹に据えていきます。彼が導きだした結論は次のようなものでした。

〝搾取によって奪われているのは単に労働の成果――「モノ」や「カネ」だけではない。「自由に処分できる時間」――「自由な時間」が奪われている。「自由に処分できる時間」こそ、人間と社会にとっての「真の富」だ。奪われている「自由な時間」をとりもどし、大きく広げ、人間の自由で全面的な発展を可能にする自由な社会を開こう。それこそが社会主義・共産主義だ〟

――『草稿集』でのこうした探究は、『資本論』第3部に書き込まれた社会主義・共産主義論――人間がまったく自由に使える時間――「真の自由の国」を拡大することにこそ、「人間の自由で全面的な発展」の保障がある、「労働時間の短縮が根本条件である」という未来社会論に結実していきます。

「自由に処分できる時間」こそ「真の富」だというマルクスの提起は、未来社会で初めて問題になることではありません。私たちは、マルクスの提起を現代日本のたたかいにも生かすことが大切ではないかと訴えています。日本は、発達した資本主義国の中でも異常な長時間労働のもとにあります。「過労死」は依然として大きな社会問題です。賃上げと一体に、労働者の自由な生活時間の全体を豊かにするための闘争は、日本で焦眉の課題となっています。

発達した資本主義がつくりだし、未来社会に継承・発展させられる諸要素

第3の角度は、発達した資本主義の国から社会主義・共産主義に進む場合には、「人間の自由」という点でも、計り知れない豊かな可能性が存在しているということです。

日本共産党は、２０２０年に一部改定した綱領で、発達した資本主義がつくりだし、未来社会に継承・発展させられる「五つの要素」として、①高度な生産力②経済を社会的に規制・管理する仕組み③国民の生活と権利を守るルール④自由と民主主義の諸制度と国民のたたかいの

歴史的経験⑤人間の豊かな個性――をあげました。

『Q&A』では、「五つの要素」のそれぞれについて、未来社会において「継承」させられるだけでなく「発展」させられるということに力点を置いて論じました。二つの点にしぼって説明させていただきたいと思います。

「高度な生産力」――ただ引き継ぐのでなく、新しい質で発展させる

一つは、「高度な生産力」を継承・発展させるということについてです。気候危機との関連などから生産力一般を否定する議論があることも念頭において、「生産力」をどう考えるかについて少し踏み込んで書きました。その中心点は以下の通りです。

――第1。資本主義がつくりだす高度な生産力そのものは、労働時間の抜本的短縮の条件をつくりだし、未来社会をつくるうえでの不可欠な物質的土台になります。

――第2。生産力とは、本来は人間が自然に働きかけて、人間にとって役に立つものを生み出すための「労働の生産力」ですが、資本主義のもとではそれが資本の支配のもとに置かれて、あたかも「資本の生産力」のようにあらわれ、搾取を強化したり、自然を破壊する力をふるいます。

――第3。未来社会に進むことによって、生産力は、「資本の生産力」から抜け出して、「労働の生産力」の姿をとりもどすことになるでしょう。未来社会は、資本主義がつくりだした「高度な生産力」をただ引き継ぐのでなく、新しい質で発展させるものとなるでしょう。その内容としては①「自由な時間」をもつ人間によって担われる②労働者の生活向上と調和した質をもつ③環境保全――これが私たちの展望です。

「旧ソ連、中国のような社会にならない保障は」という問いに対して

もう一つは、「旧ソ連、中国のような社会にならない保障は」という問いにどう答えるかという問題です。『Q&A』では、こうした問いに対して、指導勢力の誤りとともに両者に共通する根本の問題として「革命の歴史的な出発点の遅れ」という問題があったこと、日本における社会主義・共産主義の未来が自由のない社会には決してならないという保障は、発達した資本主義を土台にして社会変革を進めるという事実の中にあることを強調しました。

旧ソ連の歴史的失敗は、マルクス、エンゲルスの未来社会論の輝きを損なわせるものでは決してありません。私たちが取り組んでいる発達した資本主義国での社会変革の事業の中でこそ、それは真の輝きを放つだろうというのが私たちの確信です。

ご清聴に感謝します。ぜひ忌憚《きたん》のないご意見をいただければと思います。

（「しんぶん赤旗」２０２４年９月４日付）